al Silencio

PRÓLOGO

Lugares de siempre es el primer libro que formalmente publiqué. La propuesta fue aceptada por la Asociación de Profesores de la Universidad Pedagógica Experimental Libertador en el año 2013 (Sin embargo, la publicación se concretó más tarde). Es allí en la UPEL donde trabaje por más de 14 años antes de viajar a la India.

En este libro hay dos consideraciones fundamentales, a saber, en primer lugar esta es una edición revisada. He modificado a mi antojo algunos versos y poemas enteros, pero el eje central del libro ha sido conservado.

En segundo lugar, este es un libro que da cuenta de una revisión del "silencio" como ejercicio poético y también como fenómeno geográfico, ya que es en la urbanización El Silencio donde transcurre la mayor parte de mi vida. Es así pues como el silencio se llena de metáforas que van desde un recorrido por los lugares emblemáticos de la ciudad por donde deambulé por muchos años hasta el poema brevísimo que se aproxima al haikú, a lo minimalista, a la economía del lenguaje.

Es también, como se podrá notar, una revisión bibliográfica, una investigación exhaustiva, sobre algunos autores que han hecho del silencio su tema de estudio y aproximación poética. Recojo algunas citas de algunos escritores que han influenciado mi obra, y que ponen de manifiesto su preocupación por el fenómeno en cuestión.

Por último, debo decir que he decidido publicar mi obra entera en Amazon, todos mis libros de poesía, los inéditos y los que han sido editados; no con un objetivo comercial, porque en honor a la verdad, la poesía no se vende. Sin embargo, el leitmotiv de mi decisión está en poner al servicio de las generaciones futuras, elementos para el estudio de la poesía venezolana de mi época, de mano de su autor. Soy yo quien edita, quien sube los libros, quien los revisa, quien los comenta.

Sean bienvenidos a estos lugares de siempre, al silencio, donde habita el amor.

Carlos Zarzalejo
Bangalore-India
2020

LUGARES DE SIEMPRE

Carlos Zarzalejo

EL SILENCIO

Un ritual de pájaros
es el humo
     que perfuma tu silencio.

La hora en que despiertas
y no hay una voz,

un sonido

incendiado por los mantras.

Deja de acosar a tu voz;

el sonido del riel,
el taladro que bombea la sangre
                    hacia tus cenizas.

Renuncia a la muerte en la boca;

      lo demás está en los libros.

somos orgullosos y sabios
buscando guarapo semillas y aché

Efraín Valenzuela

En estos edificios
    piel es otra cosa.

No tiembles,
cada quien en lo suyo.

Trabajo.
Piedra.

Estos containers
    se llaman libertad.

Humo en el cuerpo,
al final
de la tarde
     viajo en un portarretratos.

El bloque de esquirlas hasta
          que estamos quietos
                    quietos.

En la noche, el velorio
donde todos
tenemos el mismo apellido

     con la sangre afuera.

Viejo Junín de putas
    que no dan a luz.

En lo eterno,
    mandarinas Junín.

Pedro Infante
    lugar en la noche.

Nace para nosotros
esa rara esquina
        donde mear.

CARLOS ZARZALEJO

Un hombre solo
puede ser el sereno.

Si camina lento,
                sabe.

Si la mente ladra
        pistola
            y rosario:

párate ahí.

Un hombre solo
  suele ser lo eterno.

En estas columnas
      nos parecemos,

con un abrazo
      siempre más allá.

Mudo cada gesto
      y cada centavo

y las peleas circenses
y el I Ching.

Hay que ser esa calle
                    para regresar;

 adivinar el sahumerio.

Si algo pasa,

simple:
     iluminaría lo oscuro.

Cuatro tiros,
un silbido que conozco.

Si ellos bajan armados
en esta letra

              hay que vivir.

Miedo sabe regresar
a la morada del trapo;

en otras palabras,
                con tiempo,

donde lastimar
    también se escribe.

> *¿Por qué es última vez el cuerpo?*
>
> **Luis Alberto Crespo**

Alguien de espaldas a la vela
             finge dormir.

Oigo que se detiene
           a no sé,
               regresar.

Tiene cansada su memoria
           por lo que calla.

Puedo sentir sus manos
              al fin
              su olor,

pero no puedo enterrarle la luz.

Eres silencio
    pero nuestra voz es otra,

as de piedra,

ese grito que inventamos:
    San Martín Los Molinos.

Sabemos dónde está el sol,
       los lunes de madre.

Boranda y otros licores,
           huesos.

para ser llamado,
guarda silencio.

Blas Perozo Nveda

A veces callo tu gobierno.

Miranda el de la plaza,
        como habla el hambre,
                hablas solo.

Fantasma de la memoria
                huellas
                y ave maría,

esas hojas de afuera
            siempre tan hojas.

Algo más que un silencio de piedra nos sostiene.

Alfredo Silva Estrada

Sentado en aquel taburete
            una hoja me lee:

¿Por qué ese rostro de árbol?
            me ha susurrado.

Largo tierrero

              en la lejanía.

Apurado de exilio
busco lugar en la piedra.

Huyo
con lo que duermes en tu boca.

Voy hacia esa calle
donde te sueno las canciones

con un solo dominó.

Nunca fuiste
ni siquiera primero de mayo.

Rompías los gritos
        en pedazos de vida.

Te desfilaron
        gestos y discursos.

Promesas dormían
          junto al balcón

    con una sola metralleta.

Lo que recuerdo,
    porque lo otro
          espanta.

> *Parece, si vivieran, un ruido de silencio.*
>
> **Yolanda Pantin**

Dos aves en Saigón
mordida de humo
           viene la gente,

con su afán nómada
párpado
y silueta en otros sombreros;

esconden
pedazos de soledad
  que tiemblan en sus bocas.

Hasta la muerte
           y no es una elegía.

Déjame vagar entre los altares
y los sitios vagabundos
donde el sol cae como una noche más

Luis Camilo Guevara

Dos fuentes también
se recuestan en la tarde.

Los viveros
        racionan el oxígeno.

La hora del té
desobediente y patriota.

La pelea es a las 8;
de este lado
                el tiempo:

lo que queda de mi
            en la espuma.

> *desembocamos al silencio*
> *en donde los silencios enmudecen*
>
> **Octavio Paz**

Llegé a ti
        con lo que quemaba.

Venían del zoológico
                las sombras,

la tierra de un león
                y no hui.

Armé un tren
para conocer a mi madre.

Ella no estaba,
tampoco
        sus informes arepas.

Un olor a compuesto
            -cuándo llegaste-,

        detrás de O'Leary,

                rudo.

No fui astuto
desde este lado de la muerte.

Hice una voz con la tierra
                    mientras sanaba.

A ratos se apoyó la vida.

Con esto y aquello
             habité las cicatrices.

Hice un nido adentro.

Fui a buscarme.

Lo que habito es mi edad.

Silencio sobre silencio,
> hojaldre continúo.

Una masa este orgullo
> tan parecido a mí.

Muere Narváez.

Algo criminal
> para escuchar el agua.

Nada pronuncia
> este espacio de piel

> que tiemplo.

sólo se advierte silencio,
silencio;
un profundo silencio

Don Gonzalo Marín Granizo
y Don Pedro Jaspe de Montenegro

Todo estaba callado
       en este viejo olvido.

Comenzó la carne a podrirse,
       el músculo.

Hambre perra.

Eso tan serio
       que llaman muerte.

> *Un silencio.*
> *Iniciación de la eternidad*
>
> **Vicente Gerbasi**

Aquí,

las cicatrices
   con sus labios.

Todo murió,

ahora
por donde hiede.

Ese árbol que ya no está
              aún dice tu nombre.

Me despierto
              y le tapo los oídos.

No vaya a escuchar
                tu cambio de piel

y es tan clara
la forma como permaneces.

El Arco de la Federación
                se escucha adentro.

Yo estaba ahí.
                    tú huías.
                            peleabas.

Mirabas ese perro
  que te proponía una edad.

Oías apuestas o gallos
                    o eras vidrio.

¿Cuánto sería ese miedo?
¿A cómo?

Dime si es verdad
    lo que me viste en el humo.

Si era lo que callaba
                y huía.

Dime si nos fuimos
    para quedarnos adentro,

en cualquier parte,
          esta sospecha.

Ardiendo sobre el Calvario,
         tu memoria.

Rojos.

No soy lo que callo
                sino su presencia.

En el piso me proyecto.
Identifico la forma de un país.

Reconozco de dónde vengo,
                    en esa sombra

                    mi colmillo.

*Una palabra muere
cuando es pronunciada.*

Emily Dickinson

Callar es escribir con la muerte.

Cada vacío
             no es el fin,

                sino su regreso.

a Mercedes

Eras lo que se te iba olvidando.

Tus pasos no te traían
en invierno.

Había en tu lumbago
un aroma a pan.

Cansancio de tu pecho,
casa y tos.

Todos esos cubiertos
por las mañanas.

Hacia esta calle
  que nos dice la lluvia,
viene un carro
                    y otro.

A ratos pasan voces
                    del bar
         por su acento.

Discuten,
una voz
              y otra voz.

Y así nos arrullamos

entre la muerte
                   y el hastío.

Otra vez silencio,
     tan ceremonial:

¿de qué te vistes
  cuando te acercas?

Con ese velo,
la boca que ocultas.

Las transparencias
           se te oyen,

a ti
y a tus muertos
  que llevas cosidos.

DOMINIOS DEL TALISMAN